AF392968

EDICT DV ROY,

POVR LA VENTE EN HE-redité de la Permiſſion de tenir Hoſtelleries, Tauernes, Cabarets, & faire trafiq de vin en gros : Auec pouuoir d'en diſpoſer par eux à l'aduenir, leurs veufues, ou heri-tiers.

Verifié en la Cour des Aydes à Paris le huictieſme May 1627.

A Paris, par Guillaume Citerne, imprimeur ordi-naire de Meſſieurs les Treſoriers des parties Caſuelles, ſouz l'Horloge du Palais.
M.DC.XXVII.

Edict du Roy pour la vente en heredité de la Permission de tenir Hostelleries, Tauernes, Cabarets, & faire trafiq de vin en gros : Auec pouuoir d'en disposer par eux à l'aduenir, leurs vefues, ou heritiers.

OVYS par la grace de Dieu Roy de France, & de Nauarre : A tous presens & à venir, salut : Le feu Roy Henry troisiesme nostre tres honoré seigneur & oncle, voulant pouruoir aux abbus que commettent les Hostelliers, Tauerniers, & Cabaretiers tant à loger & receuoir toutes sortes de personnes de mauuaise vie, qu'à l'excés du prix des viures qu'ils fournissent à leurs hostes , auroit par son Edict du mois de Mars mil cinq cens soixante dix-sept, deuement verifié, faict vn reglement sur l'establissement des Hostelleries, Tauernes, & Cabarets ; & entre autres choses ordonné que nulne les peust tenir sans au preallable auoir pris Lettres de prouision dudit sieur Roy, & faict apparoir à nos officiers des lieux d'attestations vallables de leurs vies & mœurs : comme aussi faict serment de bien & deüment obseruer les ordonnances, & payé la finance à laquelle ils seroient pour ce taxez. Depuis lequel Edict par Lettres de Declara-

tion du troifiefme Decembre mil cinq cens quatre vingt vn, auffi deuement regiftrée, ledit fieur
Roy auroit declaré auoit entendu comprendre en
iceluy les marchands de vin en gros, & ordonné
que tous ceux qui faifoient, ou feroient de là
en auant trafiq ou achapts de vin en gros en toutes
nos Villes, Bourgs, Villages, Parroiffes, Havres,
Ports de Mer , & de Riuieres de ceftuy noftre
Royaume, feroient tenus de prédre des Lettres de
permiffion qui leur feroient octroyées en tel nombre & lieux qu'il fera iugé neceffaire : Lequel
Edict, & Declaration il auroit efté impoffible d'e-
xecuter à caufe des troubles lors furuenues en ce
Royaume , tellement que la plus grande partie
defdits Hoftelliers, Tauerniers, Cabaretiers, &
Marchands de vin en gros à prefent eftablis contre
la teneur dudit Edict,& Declaration iouyffent dudit exercice fans en auoir aucune permiffion de
nous , ny de nos predeceffeurs Roys , ny payé aucune finance : encores que le feu Roy Henry le
Grand noftre tres honoré feigneur & pere (que
Dieu abfolue) par fes Lettres patentes en forme
de Commiffion du vingt vniefme Feurier mil cinq
cens quatre vingt quinze, addreffantes à nos Iu-
ges & officiers des lieux , leur ait expreffément en-
joinct d'en informer : Surquoy nous auroit efté
propofé, que s'il nous plaifoit faire executer ledit
Edict, & Declaration, & ordonner la vente defdites Permiffions de tenir Hoftelleries, Tauernes,
Cabarets, & vendre du vin en gros, nous en tire-
rions vn notable fecours en la neceffité prefente
de nos affaires: Mais confiderans qu'en ce faifant

ceux qui font à prefent ledit trafiq , & ont faict
leur eftabliffement dans les Villes, Bourgs , & Villages, mefmes ont acheté leurs Prouifions, croyans
le continuer , feroient entierement ruinez fi par le
moyen de ladite vente d'autres perfonnes eftoient
admifes en leur lieu & place : Nous auons eftimé
qu'il feroit plus à propos de les y conferuer & af-
feurer ledit exercice & trafiq en leurs familles , en
leur accordant lefdites permiffions à tiltre d'heré-
dité , moyennant finance moderée qu'ils feront
tenus nous payer. A CES CAVSES , Sçauoir
Faifons, Qu'apres auoir mis cet affaire en delibe-
ration en noftre Confeil , où eftoient la Royne
noftre tres-honorée Dame & mere, aucuns Princes de noftre fang : autres Princes, & officiers de
noftre Couronne , & autres grands & notables
perfonnages : De l'aduis d'iceluy, & de nos cer-
taine fcience, plaine puiffance & authorité royal-
le: Auons par ceftuy noftre Edict perpetuel & ir-
reuocable, Dict, Statué, & ordonné, Difons, fta-
tuons & ordonnons, voulons & nous plaift, Que
dorefnauant tous lefdits Hoftelliers, Tauerniers,
Cabaretiers, & Marchands de vin & en gros , qui
font à prefent ledit trafiq és Villes, Bourgs, Villages, & Parroiffes, Hiures, & Ports de mer, & de riuieres de noftre Royaume, Terres & pays de noftre
obeiffance, & fans que le nombre en puiffe eftre
augmenté, poffedent & iouyffent dorefnauant, &
à l'aduenir de ladite faculté & exercice à tiltre d'heredité , auec pouuoir de les vendre & en difpofer
au profit de telles perfonnes que bon leur femble-
ra: Sans que par leurs deceds, leurs veufues , ou

heritiers en puissent estre depossedez, ny que pour raison de ladite heredité il soit procedé à la vente, & réuente desdites facultez & Permissions , ains seulement seront lesdits Hostelliers, Tauerniers, Cabaretiers, & Marchands de vin en gros à present establis , tenus nous payer *les* sommes à quoy ils seront moderément taxez pour ledit droict d'heredité, par les Commissaires qui seront par nous deputez, surquoy leur sera déduit ce qu'ils iustifiront auoir cy deuant payé en nos parties Casuelles, sans fraude ny desguisement. Et en cas de reffus de payer lesdites taxes dans huictaine apres la publication des presentes, nous voulons qu'il soit procedé par lesdits Commissaires à la vente desdictes facultez & Permissions audit tiltre d'heredité, au plus offrant & dernier encherisseur, Et permis à toutes personnes d'entrer au lieu & place de ceux qui ne voudront payer lesdites taxes , lesquels pourront faire ledit trafiq , ou le bailler à ferme selon & ainsi qu'il sera ordonné par lesdits Commissaires , & qu'ils iugeront que nostre condition sera plus aduantageuse : Auquel cas nous faisons deffences a ceux qui ne payeront lesdites taxes de s'entremettre doresnauant à faire ledit trafiq , a peine de cent liures d'amande appliquables le tiers à nous, l'autre tiers aux pauures, & l'autre au denonciateur. A la charge que ceux qui auront cy deuant obtenu Lettres , & payé finance ne pourront estre depossedez sans estre au preallable rembourcez comptant de ce qu'ils iustifiront auoir payé en nos parties Casuelles pour lesdites Permissions. Voulons que ceux desdits Hostelliers, Ta-

uerniers, Cabaretiers, ou Marchands de vin en gros
qui auront payé lefdites taxes d'heredité en confe-
quence du prefent Edict, iouyffent defdites Permiffions en vertu des quittances du Treforier de
nofdites parties Cafuelles, fans qu'ils puiffent eftre
abftrainéts de prendre Lettres de nous, ny autre
contract. Seront neantmoins tenus lefdits Hoftelliers, Tauerniers, Cabaretiers, & Marchands de
vin en gros, d'obferuer les Edicts, Declarations, &
Reglemens cy deuant faicts pour raifon dudit exercice fur les peines y contenues : Et ne pourront fe-
parer ny diuifer lefdites Permiffions pour les faire
exercer par plufieurs perfonnes, ains par vn feul, &
aux mefmes villes, bourgs & lieux où ils font à
prefent eftablis. Ce que nous leurs defendons tres-
expreffément, à peine d'amande arbitraire, & d'e-
ftre priuez dudit exercice. Permettons toutesfois à
tous nos fuiects de vendre le vin de leur creu à pot
ainfi qu'ils ont accouftumé, fans pouuoir faire af-
feoir en leurs maifons fur les mefmes peines appliquables comme deffus. SI DONNONS en Man-
dement à nos amez & feaux Confeillers les gens
tenans noftre Cour des Aydes à Paris, que céftuy
noftre prefent Edict ils verifient & faffent enregi-
ftrer felon fa forme & teneur, fans aucune reftrin-
ction ny modification, Car tel eft noftre plaifir. Et
afin que ce foit chofe ferme & ftable à toufiours,
Nous auons faict mettre & appofer noftre fcel à
cefdites prefentes, fauf en autre chofe noftre droict
& l'autruy en toutes. Donné à Paris au mois de
Ianuier, l'an de grace mil fix cens vingt-fept, Et de

noſtre regne le dixſeptieſme.

Signé, LOVYS.

Par le Roy.

POTIER,

Et à coſté , VISA.

Et ſcellé du grand ſceau de cire verte,
ſur lacqs de ſoye rouge, & verte.

LOVYS par la grace de Dieu, Roy
de France, & de Nauarre: A nos amez
& feaux Conſeillers les gens tenans noſtre
Cour des Aydes à Paris, ſalut. Noſtre Edict
du mois de Ianuier dernier vous ayant eſté
preſenté afin de le verifier, pour l'establiſ-
ſement en heredité des Hoſtelleries, Tauernes,

uernes, Cabarets, & trafiq de vendre vin en
gros, au reſſort de noſtredite Cour. Par vo-
ſtre Arreſt donné ce iourd'huy vous auriez
declaré ny auoir lieu de verification dudit
Edict , ſans en exprimer aucunes cauſes ;
combien qu'il ne ſoit à aucune foulle & op-
preſſion à nos ſuiects , ny ayant aucuns
droicts , exemptions , ny attributions , ains
vne permiſſion que nous entendons que
leſdits Hoſtelliers , Cabaretiers , Tauerniers , & Marchands de vin en gros ayent
ainſi que nous l'auons accordée a pluſieurs
petits offices de Police, & qu'il ſe practique
pour tous les Arts , & Meſtiers de noſtre
Royaume, qui ſont abſtraincts de prendre
Permiſſion de nous. Et d'autant qu'il im-
porte grandement au bien de noſtre ſerui-
ce , & à l'eſtat & neceſſité preſente de nos
affaires que ladite verification ſoit faicte au
pluſtoſt : Novs de l'aduis de noſtre Con-
ſeil qui a veu voſtredit arreſt , auec le ſuſdit
Edict, qui eſt volontaire & ſans contrainte:
Vovs Mandons & ordonnons par ces
preſentes, ſignées de noſtre main: que nonobſtant voſtredit Arreſt de reffus , & quelconques remonſtrances que vous nous

pourriez faire sur ce suiect, lesquelles nous
tenons pour ouyes & entenduës, vous ayez
à proceder à la verification pure & simple
de nostredit Edict dudit mois de Ianuier
dernier, sans y apporter de retardement de
dificulté , ny attendre de nous autre plus
exprés commandement que cesdites presentes, qui vous seruiront de premiere, &
derniere iussion : Car tel est nostre plaisir.
Donné à Paris le vingt-septiesme iour d'A-
uril, l'an de grace mil six cens vingt-sept, &
de nostre regne le dix-septiesme. Signé
LOVYS, Par le ROY, Delomenie : & scellé
du grand sceau de cire iaune , & contre-
scellé.

*Regiftrè en la Cour des Aydes, ouy le Pro-
cureur general du Roy fuiuant, & aux char-
ges portées par l'Arreft du iourd'huy, à Paris le
huictiefme iour de May mil six cens vingt-fept.*

Signé,   DELAISTRE.

LOVYS par la grace de Dieu Roy de France, & de Nauarre : A nos amez & feaux Conseillers en nostre Cour des Aydes à Paris les sieurs Foucaut, Berthelemy, Hebert, Lormier, Quatre-homme, Corel, & Desnots, salut: Par nostre Edict du mois de Ianuier dernier, verifié en nostredite Cour le huictiesme iour du present mois: Nous aurions pour certaines causes & considerations, ordonné que doresnauant tous les Hostelliers, Tauerniers, Cabaretiers, & Marchands de vin en gros qui font à present ledit trafiq és Villes, Bourgs, Villages, Parroisses, Havres, Ports de Mer, & de Riuieres de nostre Royaume, Terres & pays de nostre obeissance, & sans que le nombre y peust estre augmenté, possedent & iouyssent a l'aduenir a tiltre d'heredité dudit exercice, auec pouuoir de les vendre & en disposer au profit de telles personnes que bon leur semblera, sans que par leur deceds leurs venues, ou heritiers en puissent estre depossedez, ny que pour raison de ladite heredité il soit procedé a la vente & reuente desdites facultez & Permissions, ains seulement seront lesdits Hostelliers, Tauerniers, Cabaretiers, & Marchands de vin en gros a present establis, tenus nous payer les sommes à quoy ils seroient taxez pour ledit droict d'heredité, par les Commissaires qui seroient par nous deputez; surquoy leur seroit déduit ce qu'ils iustifiroient auoir cy deuant payé en nos parties Casuelles : & en cas de reffus de payer lesdites taxes dans huictaine

apres la publication dudit Edict, Nous aurions
ordonné par iceluy qu'il seroit proceddé par lesdits Commissaires à la vente desdits facultez &
permissions audit tiltre d'heredité au plus offrant & dernier encherisseur, & permis à toutes
personnes d'entrer au lieu & places de ceux qui
ne voudront payer lesdites taxes, lesquels pour-
rôt faire ledit traficq, ou le bailler à ferme, selon &
ainsi qu'il seroit ordonné par lesdits Commissaires, & qu'ils iugeroient nostre condition plus aduantageuse, Auquel cas nous aurions faict def-
fenses par ledict Edict à ceux qui ne payeroient
lesdites taxes de s'entremettre d'oresnauant à faire ledit traficq à peine de cent liures d'amande,
applicables le tiers à Nous, l'autre tiers aux pauures, & l'autre au denonciateur, ainsi que le tout
est plus au long contenu audit Edict, pour l'execution duquel attendu la particuliere cognoissan-
ce que vous auez en telle affaires, à plain confiás
de vos sens probité, integrité, experience &
vos diligences, Vous auons commis & deputez,
commettrous & deputtons par ces presentes pour
ensemblement ou deux de vous en l'absence des
autres procedder à l'execution dudit Edict, auec
pouuoir de subdeleguer, & à la requeste de nostre Procureur General en nostredicte Cour, que
Nous auons aussi commis & deputé auec vous,
pourfuitte & diligence de Maistre Louys Go-
dron par nous Commis à faire la recepte desdicts
deniers, & porteur des quittances du Tresorier de
nos Parties Casuelles, ou de ses Commis, Vous

ayez à enjoindre & mander à tous les Presidens,
Lieutenans, Esleuz de chacune des Eslections en
chef estans en & au dedans du ressort de nostredicte Cour des Aydes à Paris, & à la premiere se-
monce & interpellation qui leur en sera faicte de
vous enuoyer en nostredicte ville pardeuers no-
stredict Procureur General vn roolle contenant
le nombre & distinction des Principaux, Moyés,
& Petits Hostelliers, Tauerniers, Cabartiers, &
Marchands de vin en gros, & vn aduis des sommes à quoy chacun d'eux pourra estre taxé mode-
rement pour iouyr de ladite heredité, lequel roolle sera dressé en presence des substituds de nostre-
dict Procureur general en chacune eslectió, signé
desdits esleuz, & de leur greffier scellé de só sceau,
& petit sceau, dont sera laissé autant au Greffe desdites Eslections pour y auoir recours, pour faire
lesquels roolles lesdits Esleuz feront appeller par-
deuant eux tous lesdits Hostelliers, Tauerniers,
Cabartiers, & Marchands de vin en gros à certain
iour pour assister si bon leur semble ausdites taxes, pour lesdits roolles & aduis rapportez pardeuers vous, estre par vous proceddé ausdites taxes
ainsi que vous iugerez en vos loyauté & con-
science, lesquelles lesdits Hostelliers, Tauerniers,
Cabartiers, & Marchands de vin en gros seront
tenuz payer ensemble le sol pour liure, ordonné
estre leué outre le principal d'icelle, & les quittances du Tresorier de nos Parties Casuelles rem-
plies conformémét aux sommes portées par lesdits roolles qui seront par vous arrestez, & les am-

pliations rapportées, & à faute de payer par lefdits Hoftelliers, Tauerniers, Cabartiers, & Marchands de vin en gros les fommes portées par lefdits roolles pour iouyr de ladite heredité , fera
proceddé par vous, ou lefdits Efleuz fubdeleguez
à la vente defdites facultez en heredité , foit aux
autres Hoftelliers, Tauerniers, & Cabartiers qui
payeront lefdites taxes, ou autres qui fe prefente-
ront au plus offrant & dernier encheriffeur, & à
eux permis d'en difpofer, les reuendre, ou bailler
à ferme, Auquel cas nous défendons à ceux qui
ne voudront payer lefdites taxes de s'entremettre
d'orefnauant à faire ledit traficq & exercice à peine defdites cent liures d'amãde , applicables comme deffus, & dont fera par vous, ou vos fubdeleguez déliuré executoire, cõme pour nos deniers
& affaires, & neantmoins ne pourront eftre def-
poffedez fans eftre prealablement rembourcez
de la finance qu'ils auront payée, dont ils feront
apparoir, & ne fera permis d'orefnauant à quel-
ques perfonnes que ce foit de tenir Hoftelleries,
Tauernes, n'y Cabarets, n'y faire aucun traficq,
de vendre vin en gros, fi ce n'eft par le deceds, ou
demiffion de ceux qui auront payé, ou acquis ledit droict d'heredité de leurs veufues, ou heritiers
fur les peines fufdites , le tout conformement audit Edict, lequel au furplus vous executerez felon fa forme & teneur, & où il arriueroit des pro-
cés & differends concernant l'execution de vo-
ftredite cõmiffion, voulõs eftre par vous iugez iuf
ques à fentence diffinitiue inclufiuement, & par

prouifion iufques à trois cens liures, nonobſtant
oppoſition ou appellation quelconques, & tous
les fraiz qui ſeront faits en execution d'icelle, taxez par vous, & payez par le Cõmis à ladite recepte ſur vos ordonnances, eſquelles enſemble leſdi-
tes taxes, ventes deſdites permiſſions, ſentences
& iugemens qui ſeront par vous donnez nous
auons dés à preſent validez, & en ce faiſant que
les pourueuz deſdictes facultez, & leurs ſucceſ-
ſeurs, ou ayans cauſe iouyſſent plainement & pai-
ſiblement deſdites permiſſions & hereditez, auec
garantie de tout ce qui leur aura eſté ainſi par vous
vendu, taxé, & adiugé : & au cas qu'en l'execution de ladite conmiſſion vous faciez des ventes
& adiudications, ou autres actes pour leſquelles
vous ayez beſoin de Greffier, Nous entendons
que vous y employez l'vn des trente-deux Gref-
fiers des Commiſſions extraordinaires, ou leur
ſubdelegué, & non d'autres, à peine de faux. Mandons à tous nos Huiſſiers & Sergens mettre vos
ordonnances & contraintes à execution, Car tel
eſt noſtre plaiſir. Donné à Paris le treiſieſme iour
de May, l'an de grace mil ſix cens vingt-ſept, &
de noſtre regne le dix-ſeptieſme, Signé, Louys, &
par le Roy, De Lomenie, Et ſcellé du grand ſceau
de cire iaune en ſimple queuë.

Collationné aux originaux, par moy
Conſeiller Secretaire du Roy.